人间天堂
的烟火

雅致苏州

彭彭/文
彭彭 燕十三/图

上海科技教育出版社

序言

每一座城市都是一座等待着我们去挖掘的巨大宝库，每一次游历都是一段探宝的历程！

这一次，我们要去探索的是一座气质朴素的城市——苏州。你可别被它那种洗尽铅华后的低调感给欺骗啦！如果论"中国知名城市排行榜"，

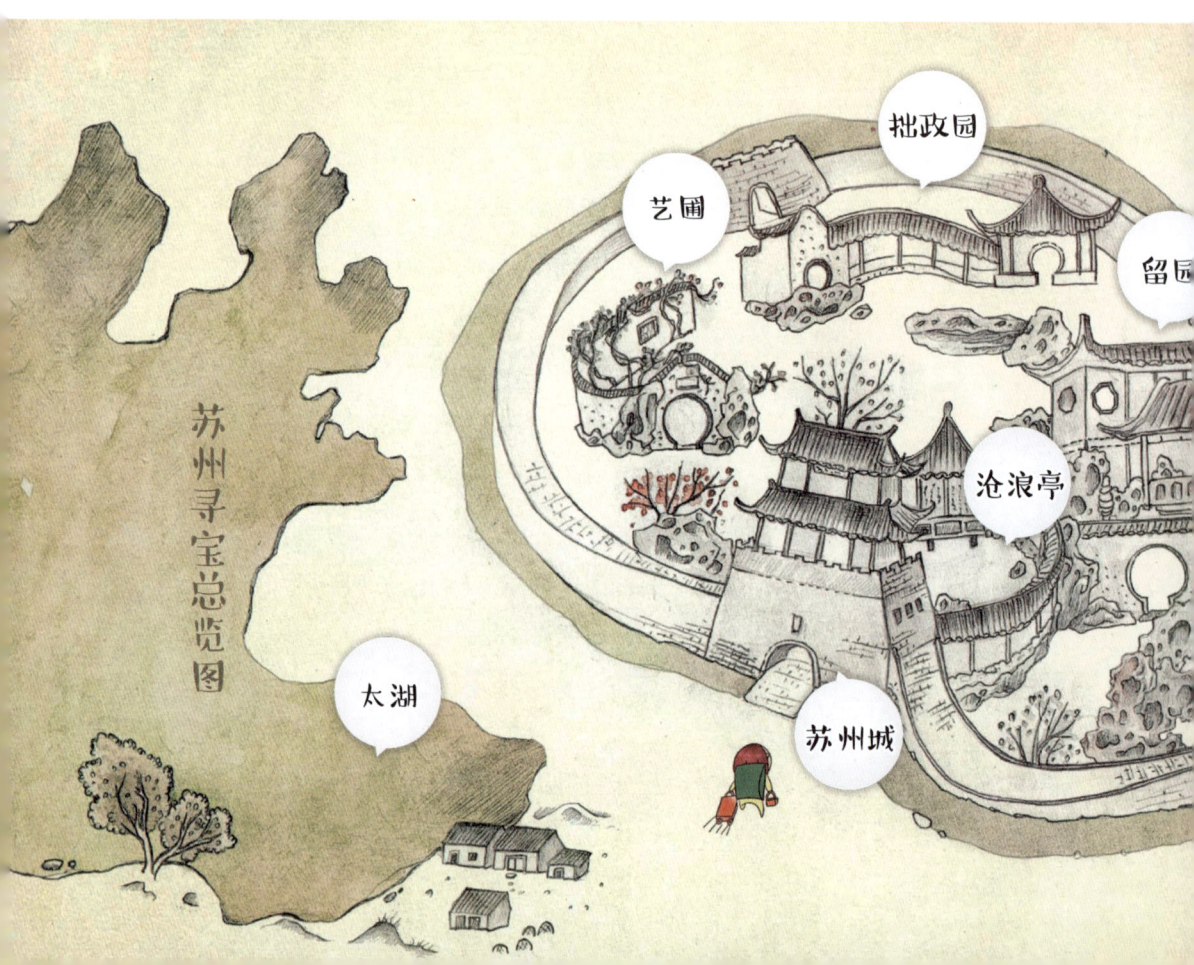

苏州一定名列前茅。"上有天堂，下有苏杭"这一句"城市广告语"，从古代开始就广为流传，让苏州成为根植在人们心中的最美的江南情结。

　　5000多年的中国农耕文化土壤、3000多年的吴文化根基、1500多年的佛道教文化熏陶给这座城市留下了丰富的文化宝藏。这里既是春秋故都，也保留了唐代城市格局、宋代街坊风貌以及大量明清建筑。让我们开始探索这座城市中的白墙灰瓦，寻访小桥流水畔的深弄窄巷，聆听老街、古寺的前尘往事……通过这些，挖掘埋藏在这座古城里的宝藏吧！

藏宝积星卡

看看你能找到几个宝箱？

❶号宝藏：狮子林 ☆☆☆　　17　　❶号宝藏：古运河 ☆☆　　43

❷号宝藏：拙政园 ☆☆☆☆　24　　❷号宝藏：山塘街 ☆☆☆　49

❸号宝藏：留园 ☆☆☆☆　　28　　❸号宝藏：平江路 ☆☆☆　56

❹号宝藏：沧浪亭 ☆☆☆　　32　　❹号宝藏：苏州博物馆 ☆☆☆　61

★宝箱景点：艺圃 ☆　　　　38　　❺号宝藏：虎丘 ☆☆☆　　69

★宝箱景点：耦园 ☆　　　　39　　❻号宝藏：苏州美食 ☆☆☆☆　73

★宝箱景点：网师园 ☆　　　40　　❼号宝藏：寒山寺 ☆☆☆☆　81

★ 宝箱景点：观前街 ☆ 84

★ 宝箱景点：西园寺 ☆ 86

★ 宝箱景点：金鸡湖 ☆ 88

❶号宝藏：周庄古镇 ☆☆☆☆☆ 91

❷号宝藏：同里古镇 ☆☆☆☆ 99

★ 宝箱景点：锦溪古镇 ☆ 104

★ 宝箱景点：木渎古镇 ☆ 106

★ 宝箱景点：千灯古镇 ☆ 108

目　录

探城寻宝，你准备好了吗

8 / 寻宝规则

9 / "藏宝地文化号"快车

12 / 宝藏地图

14 / 时光探测器

世界名园

17 / 狮子林

24 / 拙政园

28 / 留园

32 / 沧浪亭

38 / 艺圃

39 / 耦园

40 / 网师园

姑苏古城

43 / 古运河

49 / 山塘街

56 / 平江路

61 / 苏州博物馆

69 / 虎丘

73 / 苏州美食

81 / 寒山寺

84 / 观前街

86 / 西园寺

88 / 金鸡湖

江南水乡

91 / 周庄古镇

99 / 同里古镇

104 / 锦溪古镇

106 / 木渎古镇

108 / 千灯古镇

探城寻宝，
你准备好了吗

寻宝规则

让我们出发吧！每个景点都藏有1—5个宝箱，大家一起来寻找吧！

每寻找到一个**宝箱**，就在藏宝积星卡对应的景点名称后面涂上一颗小星星，累计涂满10颗小星星，就能获得"**探城过路人**"的称号！累计涂满30颗小星星，就能获得"**探城侦查员**"的称号！累计涂满50颗小星星，就能获得"**探城小奇兵**"的称号！

"藏宝地文化号"快车

在去苏州寻宝之前,让我们先乘坐"藏宝地文化号"快车,穿越古今,快速地了解一下这次探宝之旅的三大站点吧!

第一站:世界名园

说起苏州园林,相信大家都不陌生,集建筑、山水、花木、雕刻、书画等于一体的苏州园林,是举世闻名的人类瑰宝。在中国四大名园中,苏州占有拙政园、留园两席。这两座园林同网师园、环秀山庄、沧浪亭、狮子林、艺圃、耦园、退思园等共9座古典园林一起,被联合国教科文组织列入《世界遗产名录》。

第二站：姑苏古城

大家一定知道唐朝诗人张继的《枫桥夜泊》，这首诗中的千古名句"姑苏城外寒山寺，夜半钟声到客船"所提到的姑苏城，就是指苏州古城。

苏州建城始于春秋时期，你如果知道"卧薪尝胆"的典故，一定对吴王夫差和他的臣子伍子胥有印象。而苏州城，就是吴王夫差的父亲阖闾命伍子胥督造建成的，至今已有2500多年的历史。这里曾是吴国的都城，还保留着许多与西施、伍子胥等人有关的古迹，是吴文化的发祥地。

隋朝开皇年间改吴州为苏州。苏州的名字以及姑苏古城的别称，都源自城西南的姑苏山。

第三站：江南水乡

　　"苏"的繁体字是"蘇"，由草字头、一个"鱼"字、一个"禾"（谷类植物的统称）字组成。这三个元素全方位地概括了苏州的内涵——鱼米之乡。

　　苏州不仅是富庶的鱼米之乡，更因江南情调而出名。苏州自古以来就是江南水乡的典范，坐落在水网之中，街道依河而建，水陆并行，建筑临水而造，前巷后河，形成"小桥流水人家"的独特风貌。同里、周庄、甪直、木渎等水乡古镇处处富有江南风情，美不胜收。

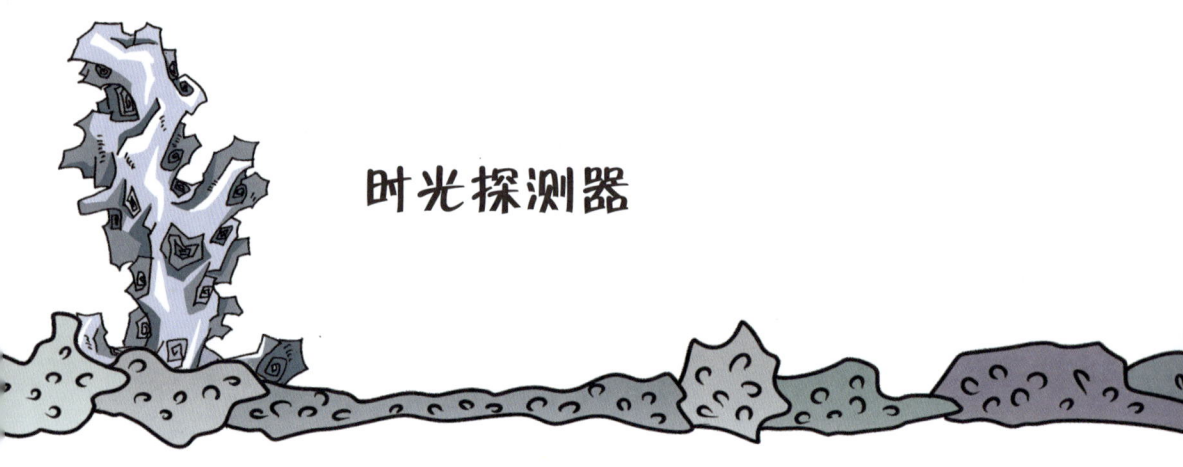

时光探测器

到一座城市探宝，前期准备工作必不可少，让我们先来简单了解一下苏州的历史变迁吧！

春秋战国时期：公元前514年，吴王阖闾（夫差的父亲，春秋五霸之一）命伍子胥建造"阖闾城"作为吴国都城，这是苏州建城的开始，距今已经有2500多年了。

秦汉隋唐时期（前221—907年）：经济迅速发展。项羽在此起义，三国时期的吴国在此建立。唐朝时迅速发展，著名诗人白居易、刘禹锡担任过苏州刺史，并在此留下了不少的传世名作。

宋元明清时期（960—1911年）：工商业快速发展，以盛产丝绸著称，到清朝，成为四大商业中心之一。虽然这段时期苏州也遭受了几次战乱，但一直都是富甲一方。文化快速发展，文人雅士层出不穷，还涌现了大量私家园林，其中很多是由告老还乡的士大夫所建，有着浓浓的文人风情。

近现代（1840—1949年）：1840年爆发鸦片战争，苏州作为通商口岸开放，西方列强在此设立租界，并大肆修建西式建筑。太平天国运动让苏州遭受浩劫。

当代苏州（1949年至今）：苏州经济飞速发展，每年的GDP位列国内城市前茅。苏州在经济快速发展的同时，特别注重保护城市的人文历史遗迹。现代苏州的城市发展思路，概括来说就是"一核四城"，保护古城，四周扩张。

苏州古城范围内建筑限高，不得超过北寺塔的高度，也就是24米，这也让姑苏古城区成为一座2500多年从未改变地址、依旧保持水陆并行格局的历史古城，为苏州提供了丰富的旅游资源。

狮子林

狮子林比它的邻居拙政园小很多,但这并不妨碍它成为一座有趣好玩的园林。在这座精致的园林里,埋藏着4个大宝箱,让我们进入狮子林,找到这4个大宝箱吧!

走进狮子林,映入眼帘的是重重叠叠、气势雄浑的假山(宝箱一)。狮子林素有"假山王国"的美誉,里面的假山不高,却呈群峰起伏、气势雄浑之势。"人道我居城市里,我疑身在万山中",就是狮子林的真实写照。即便把狮子林的假山迷宫比作诸葛亮的八阵图,也毫不夸张,其中的趣味,需要去实地走走才能感受到。

传说当年乾隆皇帝下江南最爱去的地方就包括苏州的狮子林。有一次在狮子林游玩的时候，乾隆皇帝对这里的石头迷宫非常好奇，要求独自去里面走一圈，可是他左走右走，在这座迷宫里走了两个时辰也没有成功地走出去，十分紧张，只得高呼"救驾"，最后还是太监把他带了出去。出来后，乾隆皇帝在真趣亭大呼"真有趣"，提笔亲赐的"真趣"（宝箱二）两字悬在亭子的正中。在狮子林迷路的乾隆皇帝回京后就下令在北京圆明园、承德避暑山庄内分别仿建了一座狮子林，可见当年乾隆皇帝对狮子林情有独钟。

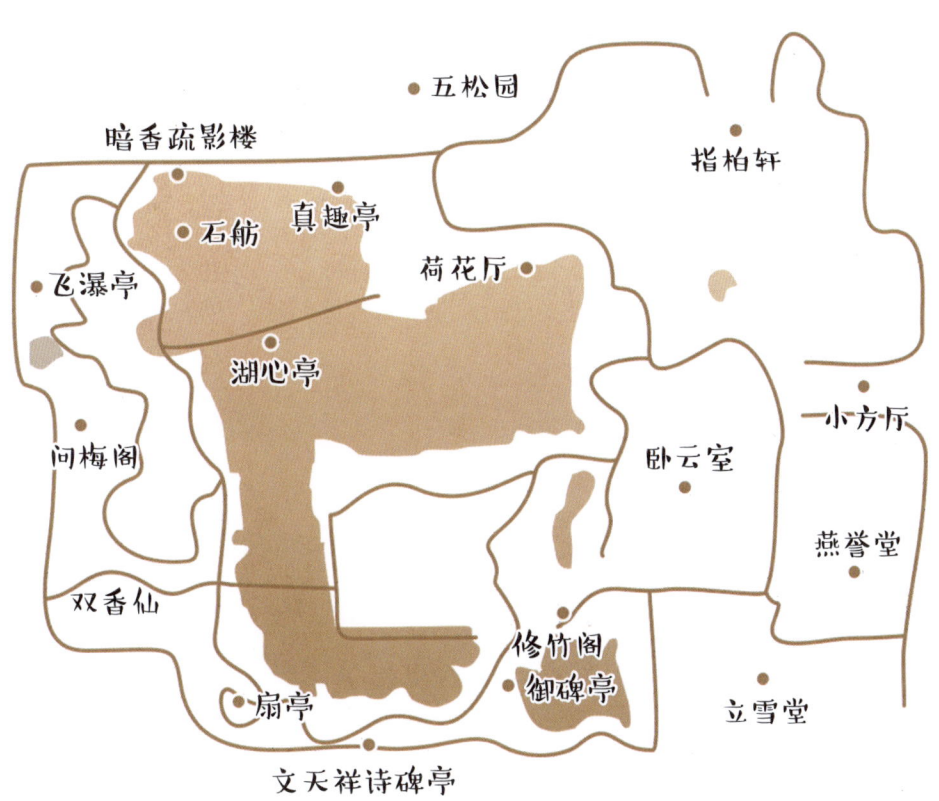

  燕誉堂是狮子林的主厅，以前的园主在此宴请宾客。此厅是苏州园林中较为有名的鸳鸯厅（宝箱三）。狮子林建于元朝，当时的封建意识还比较浓厚，尤其是重男轻女的思想直接反映到设计上。女厅的屋檐墙壁设计得很简单，而男厅设计得很气派。女厅的椅子是没有扶手的，设计很简朴；男厅的椅子不仅有扶手，设计也很豪华。女厅面朝的是高墙深宅，并且窗户被封住，意为不可红杏出墙；男厅这边面对的是大好河山，窗户镂空，可以随时欣赏美景。

  清朝末年时，狮子林年久失修，贝润生（设计苏州博物馆的著名建筑师贝聿铭的叔祖）购下重修。他在修建过程中采用了部分现代建筑材料，如水泥、钢筋、彩色玻璃等。这次修建过程中，诞生了狮子林中造型最有特色的建筑——石舫。

石舫位于狮子林水池边,整个建筑就像一艘大船,四面被水环绕。船首有小石板桥与池岸相通,中、后舱有两层,四周的86扇镶嵌彩色玻璃的窗户(宝箱四),以及建筑的细部花饰,让石舫看上去带着些西洋味。

 **隐形挖宝工具：古建筑识别卡**

在探城寻宝的旅途中，掌握古建筑的识别技巧有利于我们掘宝。古代建筑中，宫、殿、亭、台、坛、廊、榭、庑、厢、舍、轩、斋、寝、楼、阁之类多不胜举。它们分别代表什么样的建筑？

亭，是园林中重要的点景建筑，多建于路旁或水旁，供行人休息、乘凉或观景用，在建筑形态上的特征是有顶无墙。

台，是高而平的建筑，一般筑成方形。台是最古老的园林建筑形式之一，台上可以有建筑，也可以没有建筑，其中规模较大、较高者便叫坛。

榭，建在台上的房屋，多为水边建筑，人们在此倚栏赏景。

楼，一般多为体量较大的多层建筑，不仅是游人登高望远的佳处，也是园林最为突出的景观。通常用作卧室、书房或观景处。

廊，是连接两个建筑物之间的通道。上有顶棚，以柱支撑，用以遮阳、挡雨，也便于人们在游走过程中观赏景物。

轩，古意为有窗的长廊或小屋，多为高而敞的建筑，但体量不大。轩的形式类型也较多，形状各异，如同宽的廊，是一种点缀性的建筑。

舫，仿照船的造型，在园林的水面上建造起来的一种船型建筑物。似船而不能划动，故而被称为"不系舟"。舫大多三面临水，一面与陆地相连。

堂，是居住建筑中对正房的称呼，一般是一家之长的居住地，也可作为家庭举行庆典的场所。

拙政园

下一个"藏宝地"拙政园离狮子林不远。它是苏州最有名的园林之一,也是中国四大名园之一,距今已有500多年历史,被作为苏州园林的典型例证列入《世界遗产名录》。无论何时来到这里,你都很难避开拥挤的人群,但并不是每一位来访的游客都能找到藏在其中的宝藏哟!

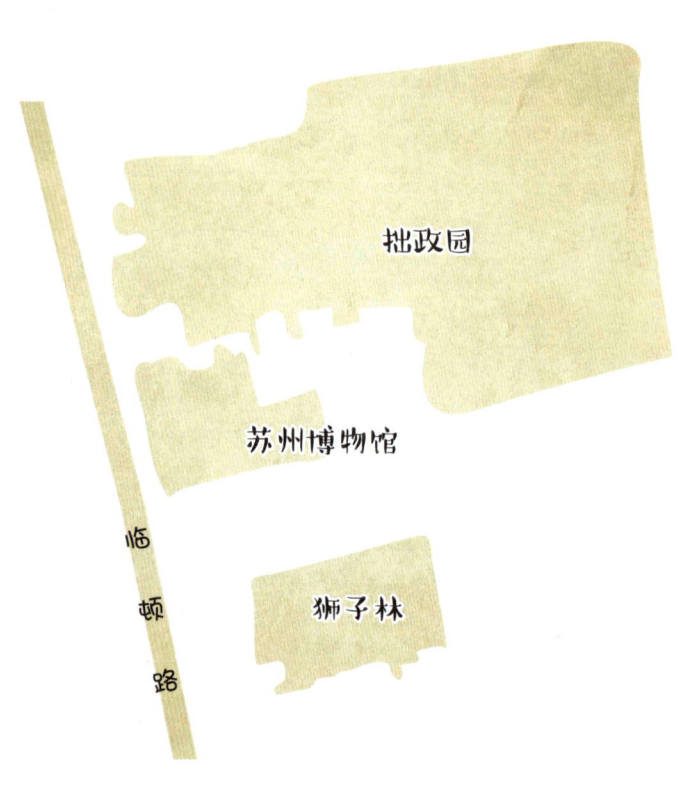

拙政园分东园、中园、西园三部分，以水池为中心，水面约占全园的3/5，亭榭楼阁皆临水而立，倒映水中，互相映衬。拙政园的东部以田园风光为主；中部被称为"复园"（宝箱一），以池岛假山取胜，也是拙政园的精华所在；西部以典雅的建筑闻名。

拙政园以"林木绝胜"著称,仅中部 23 处景观,80% 是以植物为主景的景观。以荷香喻人品的"远香堂"(宝箱二)是中部的主体建筑,位于水池南岸,夏日池中荷叶田田,清香远送。

而中园中最精巧有趣的建筑,当数香洲石舫(宝箱三)。香洲石舫建筑元素丰富,从船头至船尾,依次为台、亭、轩、楼、廊。石舫有两层舱楼,西面的船尾接岸,东面的船头与倚玉轩一水相隔。站在香洲船头,四周是开敞明亮的水池,让人感到十分惬意。

拙政园的西部,有一个乍看并不打眼的建筑,那里是赏荷听雨的绝佳处,所以被取名为留听阁,里面藏着拙政园的镇园之宝!在留听阁的前门上方有一块雕刻着松、竹、梅和喜鹊的门楣(宝箱四),那是用一整块具有 1500 多年历史的银杏木立体、双面雕刻而成的,将岁寒三友和喜鹊登梅图案巧妙地结合在一起,构思十分巧妙。

拙政园的 4 个宝箱,你找到了吗?

苏州园林和矛盾的古代文人

如果大家留心会发现,苏州园林的"自成天然之趣",与欧洲古典园林规则对称的风格完全不同。这是因为苏州园林的兴盛主要基于中国古代的文人。其实中国古代文人的内心很矛盾:一方面受儒家思想的影响,想做官为朝廷和百姓效力,但同时也受道家思想影响,想隐居于自然。而模仿自然的苏州园林,让文人们感到即使身处闹市,也足以达到宁静自然的境界。苏州几座大园林的诞生与发展,都与文人做官不顺利后想隐居的心态有关。比如拙政园就是明朝御史王献臣辞职还乡,买下大宏寺遗址后改建成的宅园。王献臣取这名字表达的大概意思就是:我现在归隐田园,种树养花,这也不失为一种"笨拙人"的处世之道。

留园

正是江南好风景，落花时节又逢君。

跟拙政园一样，留园也是中国四大名园之一，它虽然没有拙政园那么大，但贵在小而精致。

我们知道古典园林中最常见的4种元素是山、水、花木、建筑。留园中的这4种元素都属极品，而留园三宝冠云峰、楠木殿和鱼化石，更是至宝。

留园内的冠云峰（宝箱一）乃太湖石中绝品，齐集太湖石"瘦、漏、透、皱"四奇于一身，相传这块奇石还是北宋未来得及运走的"花石纲"遗物。

冠云峰后的冠云楼（宝箱二），为游客驻足观赏冠云峰提供了更好的视角。冠云楼与冠云峰组合成了和谐自然的环境，突显了山石的天然美。这种搭配得如此完美和谐的建筑与庭景，是苏州园林的一绝。

冠云楼楼下正中壁上，有一块外罩长方形玻璃镜框的灰黑色古代鱼化石（宝箱三），保存在坚硬的沉积岩页岩中。据专家考证，这块鱼化石是生存于1亿4千多万年前浅海中的古鳕鱼的化石，为侏罗纪鱼化石，由于火山灰沉积到湖泊中而形成。

而留园三绝的最后一项——楠木殿（宝箱四），是五峰仙馆的俗称。厅堂墙上设了一排非常大却装饰得简洁精雅的窗户。这种做法使得窗户外的两个小庭院的风景映现于眼前，拓展了厅堂的视觉空间，保证建筑中有充分的光线。所以五峰仙馆并不像其他老房子那样令人感觉阴暗压抑，相反十分宽敞明亮。

五峰仙馆的建筑用材非常奢华，梁柱全部采用珍贵的楠木，可见五峰仙馆在留园中的地位非比寻常。但是在抗战时，楠木殿成了日军的马棚，饥饿的军马把上好的楠木柱子啃得不成样子。后来抗战胜利后修葺园子时，人们不得不用水泥把楠木柱糊住，又在外面刷上漆。

除了留园三绝外,留园西部的黄石假山也为人们所称道。假山雄浑一体,十分精巧,由当时著名的叠山师周秉忠设计堆叠而成。

叠山师,顾名思义即是为园林叠造假山之人。叠山师本身要有足够的艺术修养,才能叠出假山这样的立体"画作"来。而留园的黄石假山,可以算得上是周秉忠的呕心之作。《后乐堂记》记载了这座假山:"石上植红梅数十株,或穿石而出,或倚石而立,岩树相得,势若拱遇。"

今天,园林里已无当年的叠山师,但这假山历经风吹雨打,伫立百年未衰,让我们体会到叠山师们独具一格的匠心,他们也算是无憾了吧!

被封侯的太湖石

宋朝时，赏石叠山之风很盛，还出现了专门记录各种可供欣赏之石的"石谱"。其中太湖盛产的太湖石以"瘦、漏、透、皱"的特点深受文人喜爱，成为中国四大奇石之一。瘦，是指峻峭刚劲；漏和透，就是说它有很多石孔，玲珑精巧；皱就是指石头表面有很多褶皱。

说到这太湖石，它有一位著名的狂热粉丝——北宋皇帝宋徽宗。这粉丝对太湖石有多么狂热呢？据传，宣和五年，太湖所产一石，高六仞，百人不能合抱，徽宗得石喜极，竟封石为侯——"盘固侯"。

你看看，因为有了宋徽宗这位粉丝，太湖石还曾经被封侯。

宋徽宗还成立了专门运送奇花异石的特殊运输团队——花石纲。通常来说，10艘船称一"纲"；当时指挥花石纲的有杭州"造作局"、苏州"应奉局"等机构，奉皇上之命搜刮东南地区的珍奇花木与石头。

花石船队所过之处，当地的百姓要供应钱谷，服劳役；为了让船队通过，有的地方甚至拆毁桥梁，凿坏城郭。凡是被看中的石块，不管大小，或是否遇高山险阻，都不计民力千方百计地搬运出来；船不够用时，强行征用几千艘运送粮食的船只，甚至旁及商船。贪官们乘机合起伙来敲诈勒索，大发横财，让江南的百姓苦不堪言，这也在一定程度上加速了北宋王朝的灭亡。

沧浪亭

沧浪亭是苏州历史最悠久、文化内涵最深厚的园林，同时也是唯一以"亭"命名的园林。

北宋年间，诗人和书法家苏舜钦蒙冤遭贬，被贬后的他到苏州购得了这个院子，从此便自号"沧浪翁"，在城市中过起了逍遥自在的隐逸生活。

园子里最重要的景观，自然就是和园子同名的亭子"沧浪亭"（宝箱一）啦！这个亭子隐藏在山顶上，造型古雅，与整个园林的风格十分协调。亭子四周环列有五六株数百年树龄的高大乔木。

亭子的石柱上，有一副石刻对联："清风明月本无价，近水远山皆有情。"上联选自欧阳修的《沧浪亭》中的诗句"清风明月本无价，可惜只卖四万钱"；下联出于苏舜钦《过苏州》中的诗句"绿杨白鹭俱自得，近水远山皆有情"。这副对联写尽了沧浪亭情景交融的美好景象。

沧浪亭内，还有另一座小亭，临水而建，名观鱼处（宝箱二）。亭内有块匾额，上题"静吟"二字，这两个字则与苏舜钦的诗《沧浪静吟》有关。苏舜钦在诗中说，自己独自在静谧的沧浪亭中闲步，觉得此中情味无双，表达自己逍遥于

山林的生活情趣，然而，字里行间不免流露出几丝愤懑之情。

在沧浪亭的众多景观中，有一处景观很独特。它非亭，非堂，亦非林，而是嵌有碑石的祠堂，它就是**五百名贤祠**（宝箱三）。

五百名贤祠始建于清代，祠内的100多块石碑上，刻有栩栩如生的594幅历史人物形象。这594位"名贤"，大体可归为政治、文学、忠节、循吏、经学、隐逸、孝义、军事、理学、水利、医学、历算等12类，其中包括伍子胥、董仲舒、李白、白居易、范仲淹、苏东坡、文天祥、唐寅、文徵明、林则徐等人，时间跨度从春秋到清末，是2500余年来与苏州颇有渊源的代表性历史人物。

苏州园林大都外筑高墙，而沧浪亭之美却不藏着，园子以镂空的复廊代替园墙。复廊上的漏窗共有108种式样，有方形、圆形、扇形、海棠形、花瓶形、石榴形……无一雷同，被称作沧浪亭一绝。

游人在园内的廊中散步时，透过廊壁上的漏窗，也可观赏外面的自然景色。沿廊漫步，既像在室内，又像在室外，视野内的景色随人的移动而变化，真正实现了"一步一景""移步换景"的效果。

这在园林艺术上叫作借景。苏州园林一般用地有限，所以巧妙组合空间就显得很重要，而曲折的廊是园林空间营造最理想的手段之一。

　　沧浪亭的每一扇门、每一扇窗都起着画框的作用，框住了园中景观，让园林的每一处都成了一幅画，可供游人精读细品。当你离开沧浪园时，找到了哪些宝藏？你读懂这首无声的诗了吗？

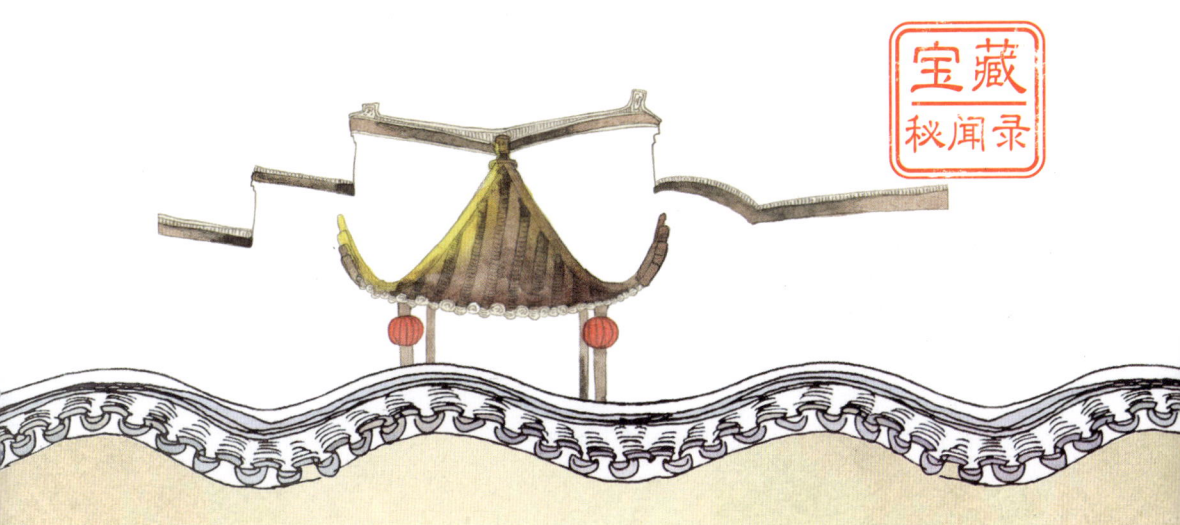

谐音大法

沧浪亭里有两个造型很别致的洞门,分别呈现葫芦状和宝瓶状。为什么当时会采用这样的设计呢?仅仅是为了有趣或好看吗?

如果想看懂传统建筑的图案里面深藏的奥妙,那么我们非得了解"谐音大法"不可。

"葫芦"与"福禄"谐音,所以在古人看来,葫芦是富贵的象征。而宝瓶由葫芦演化而来,后来成为观音盛水的容器,表示智慧圆满不漏;"瓶"与"平"谐音,也表达了人们对平安的期盼。

是不是十分有趣?让我们看一看其他常见的谐音取义的例子吧!

鱼=余(以前的人,生活有富余才叫条件好)

羊=祥

鸡=吉　　　　　　　　　象=祥

鹿=禄(升官,拿俸禄)　　金鱼=金玉

指着太阳=指日高升　　　背靠背的猴子=辈辈封侯

蝠=福(蝙蝠象征福气)　　喜鹊落在梅花树梢=喜上眉梢

白菜=百财　　　　　　　莲=连(莲子象征连着生儿子)

艺圃

艺圃（宝箱一）是苏州本地人比外地游客更乐意逛的园子，它小而精致，每一株花木，每一座假山，每一面白墙，每一座庭廊，都围着小小的水塘，巧妙地彼此映衬着。

艺圃的中心是个水池，水池之南为假山，以土堆成，临池之处，则以湖石叠成绝壁、危径，既多变化又较自然。站在水池边远望，山石嶙刚，树木葱郁，给人以奇秀之美、山林之趣。

水池北边有个茶馆，是苏州当地人极喜欢的一个地方，茶馆生意太好，经常没有座位呢！

点一杯清茶，靠窗临水而坐，看鱼儿游弋在荷叶间，也许这就是岁月静好的感觉。

耦园

比起喧闹的拙政园和狮子林，耦园（宝箱一）倒是幽静许多，更能让人尽情地品赏苏州园林的精妙与雅致。耦园的格局是一宅两园，中间为住宅，两边是花园。耦园三面环河，一面通街，设计得非常精美。

耦园最早叫"涉园"，后被易名为"耦园"。"耦"通"偶"，佳偶共连理的意思，表示耦园主人和妻子情投意合，夫妻归隐，其乐融融。

别看耦园地方不大，但依旧被联合国教科文组织定为世界文化遗产。苏州博物馆的设计师、建筑大师贝聿铭来耦园浏览后，认为耦园东花园的黄石假山很有特色，于是推荐耦园申请世界文化遗产。

网师园

　　网师园（宝箱一）也是世界文化遗产。在苏州四大名园中，网师园是面积最小、布局最精巧的一座。它不及拙政园面积的 1/6，却能与后者一同被列为世界文化遗产，是"精致玲珑、小巧典雅"的中国古典园林代表作。

　　全园可分为三部分：东部是宅院区，是园主的府第；中部是山水景物区，为主园；西部是内园，即园中园。园内建筑以造型秀丽、精致小巧见长。水池周围的亭阁，有小、低、透的特点，内部家具装饰以红木为主，精美别致。

　　每年 3 月到 11 月间，大家还可以选择夜游网师园，夜间耦园的开放时间为每晚 7 点 30 分到 10 点。在那个时

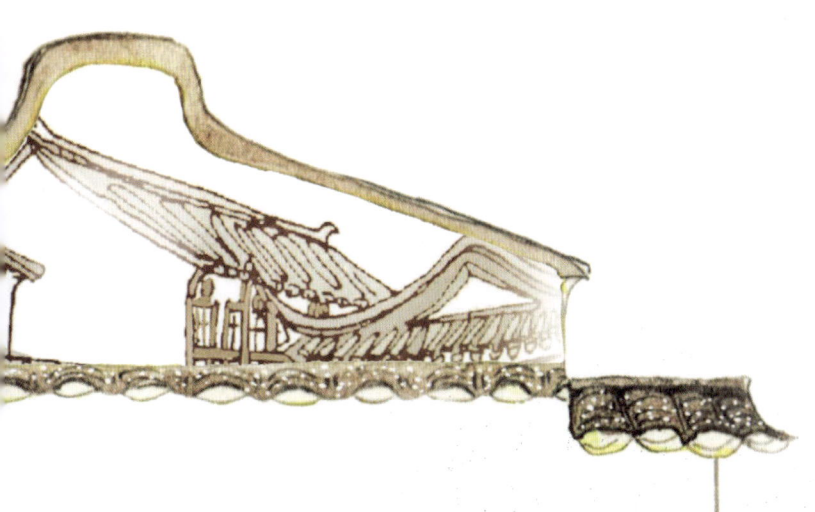

间段,穿旗袍的导游提着大红灯笼,带游客穿梭在网师园内。每到一处厅堂或亭台,你都会看到正在上演的节目,或评弹,或昆曲,或吹笛,或吹箫,或民歌,或舞蹈,仿佛是一次回到古代的"穿越"之旅呢!

古运河

在古代，苏州因京杭运河成为商贾云集的天堂，如今古运河仍在使用。去古运河"寻宝"，最方便的方式莫过于坐船了。

夜晚坐船游于古运河之上，沿途会经过盘门、胥门、金门、阊门等 10 座苏州古城楼和 20 座风格不一的桥梁。沿岸绚丽的灯光倒映在荡漾的水波里，照射在摇曳的柳枝上，呈现出万种风情。运河两岸一边是高楼大厦，一边是仿古建筑。坐在船上，欣赏两岸风光，领略苏州历史风貌，聆听游船上表演的苏州评弹，游客能充分感受到苏州这一东方水城的独特韵味。

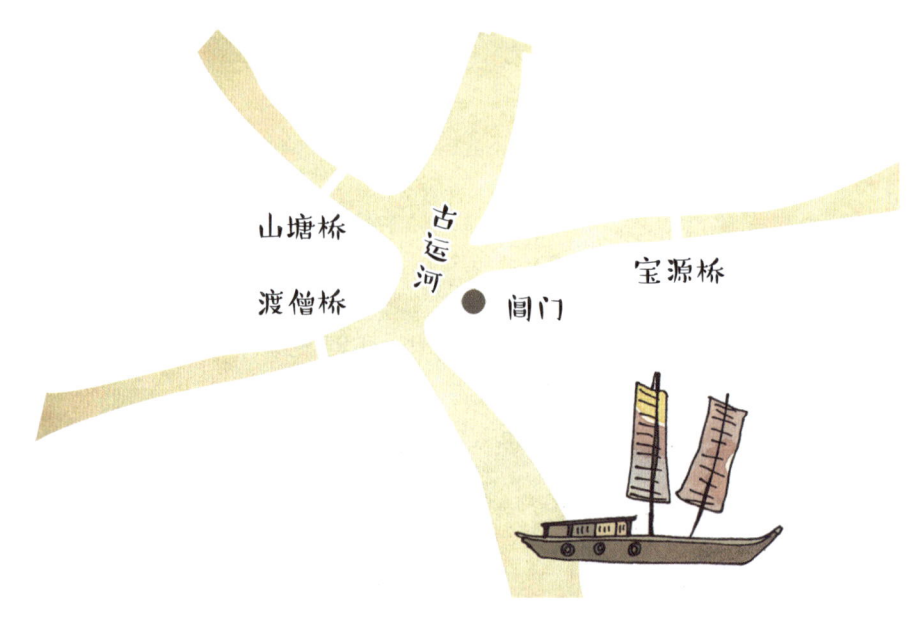

　　游船所经路段选择了古运河景色最佳的几处，其中最有名的景点当数<u>盘门</u>（宝箱一）了。

　　苏州古城起初有8座城楼，南面西侧的盘门原名为蟠门，相传门上曾有木刻蟠龙，用以震慑越国。这个城楼有水门、陆门两道门，是唯一现存的水陆并行城楼。水门和陆门之间是"瓮城"。"瓮城"四面是高高的围墙，只要将敌人引入这里，两道城门一关，即可瓮中捉鳖，"瓮城"的"瓮"便取自此意。吴越争霸时期，瓮城内外想必有过不少血雨腥风。

　　<u>阊门</u>（宝箱二）是苏州城另一座有名的城楼，远在春秋时便已经建造完成。当时该门方位朝着楚国，伍子胥伐楚，亲率精兵由阊门而出，后一路破竹，直捣楚国首都郢都，凯旋时将阊门改名为"破楚门"。然而没过多久，越王勾践的部队又从这儿入城，灭了吴国。阊门静静地观望着吴越之争的起起伏伏，静默不语。

　　现在的阊门是一座古意盎然的老城楼，拱形的城门洞下，人车并行。城门下的阊门横街是条市井味浓厚的老街道，坐落着许多漂亮的民国建筑。街上有好几

家老字号的店铺，凭借百年的积淀，买卖做得红火。阊门横街离山塘街不远，这里的游客络绎不绝。

比起阊门，胥门（宝箱三）跟伍子胥的渊源更深。当年吴王夫差信任奸臣，不听伍子胥的劝谏，逼伍子胥自杀。传说伍子胥自杀前对门客说："请将我的眼睛挖出置于东门之上，我要看着吴国灭亡。"伍子胥死后，头颅被挂在城门上示众，于是这座城门就被叫作胥门。

如今，每逢端午节，苏州人还会聚集在胥门之外，看看伍子胥的雕像，缅怀那位皓首苍髯的忠臣。所以苏州端午节的习俗是纪念伍子胥，而不是屈原。每年政府还会在胥门一带举办元宵灯会，这项活动深受市民与游客的喜爱。

如果伍子胥能看到在自己兴建的城市里，老百姓过上了安居乐业的日子，他也一定会感到欣慰吧！

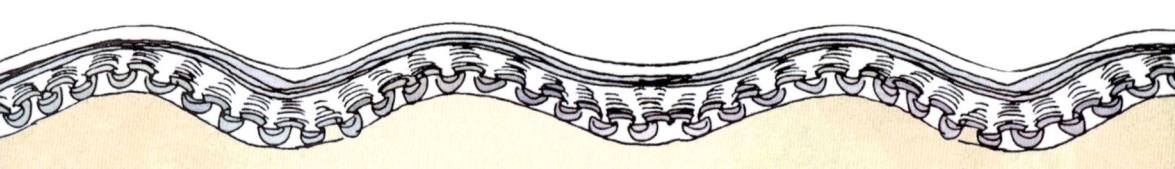

春秋话题人物之伍子胥

说到苏州，伍子胥是不得不提的人物，因为他是苏州古城的创建者。伍子胥是春秋末期的军事家，也是吴国的臣子。他的父亲是楚平王时期太子建的太傅，因谗言被楚平王杀害。伍子胥因此从楚国逃到吴国，成为吴王阖闾的重臣。

公元前506年，伍子胥协同孙武（《孙子兵法》作者）带兵攻入楚都，伍子胥掘楚平王墓，鞭尸三百，以报父兄之仇。伍子胥也因此被人诟病，成为史上记载的鞭尸第一人。

吴国靠着伍子胥等人的计谋，打了很多胜仗，成为诸侯一霸。越国战败后，吴王夫差罚越王勾践在吴王宫里服劳役，借以羞辱勾践。勾践在夫差面前卑躬屈膝，骗取了夫差的信任，终于被放回越国。

伍子胥曾多次劝夫差杀勾践，夫差不听，反倒听信谗言，派人送一把宝剑给伍子胥，令他自杀。

勾践回国后，励精图治，为了不忘记耻辱，他在吃饭时尝一口苦胆，日日睡在薪草上。他挑选了两名绝代佳人西施和郑旦,送给吴王夫差,并年年进献珍奇珠宝。夫差认为勾践已臣服于自己,所以一点也不怀疑。夫差整日与美人饮酒作乐,最后吴国为越国所灭,夫差拔剑自刎。

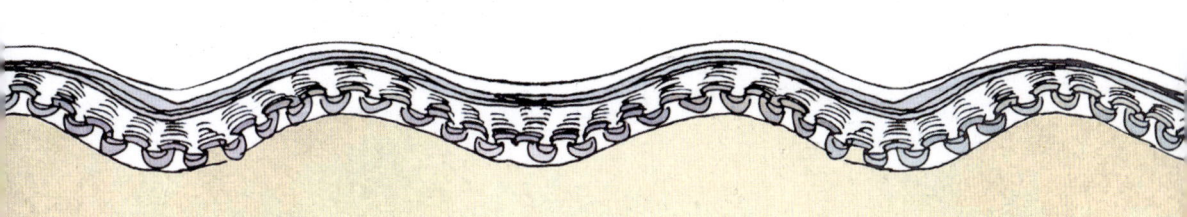

上有天堂，下有苏杭。杭州有西湖，苏州有山塘。山塘街始建于唐代，是白居易在苏州任刺史期间所建的，至今已有1000多年的历史。它是苏州最热闹好玩的地方之一，而且在每天的不同时分，山塘街会带给你全然不同的感觉。

清晨，幽深宁静的沿河民居错落有致，过街楼、花格窗、木栏杆，为白墙黛瓦的山塘街平添了几分江南诗意。傍晚的山塘河，华灯初上，热闹非凡。

由于交通便捷，在明清时期，苏州成为全国繁华的商贸城市，山塘街成了重要的商品集散地。山塘街上各地富商巨贾出入不休，街上涌现了大批的商人会馆，如冈州会馆、岭南会馆、东齐会馆……这些会馆均为外地商人在苏州所建，供乡人来苏居住、聚会以及寄存货物等。商人们还在会馆中设立神殿，祭祀自己的行业神，祈求在经商过程中得到神的庇佑。

现在山塘街上的**苏州商会博物馆**（宝箱一）里陈列着苏州商会的百年展览，也是苏州近现代商会文化的集中展示，在此我们可以深入了解商会文化。

如今,山塘街依旧热闹非凡,会馆、公所、名人故居、寺庙、祠堂、牌坊鳞次栉比。街上店铺林立,百业兴旺,传统老店松鹤楼菜馆、得月楼菜馆、黄天源糕团店、采芝斋糖果店焕发生机,小有名气的古玩店、书画店、金石店、玉器店、雕刻店、剪纸店、彩灯店等新兴店铺更是比比皆是。

经济繁荣推动了文化发展,山塘街成了文人雅士聚会的好去处,出现了许多书院、社学和私人藏书楼。

位于广济路的明朝大学士吴一鹏的故居,是苏州城外保存最完整、体量最大的明代古宅,也是江南名宅的典范之作。各进门楼砖雕精美绝伦,明式雕刻简洁圆润。吴一鹏故居第三进主厅即玉涵堂(宝箱二),名字取"君子于玉比德"之意,用玉来比喻修身的道德标准,体现了主人崇高的道德追求。玉涵堂建筑风格极为大气,展现了官宦人家奢华的生活景象。

吴一鹏故居里面还有桃花坞木刻年画工作室、苏绣大师任慧娴的刺绣工作室、山塘人文风情馆。桃花坞木刻年画（宝箱三）主要表现中国民间传统文化内容，因曾集中在苏州城内桃花坞一带生产而得名，现在是中国五大民间木版年画之一，属于国家级非物质文化遗产，在吴一鹏故居里我们可以看到这门工艺复杂的制作过程。山塘人文风情馆再现山塘街1000多年历史变迁和人文风情，人们可以在此感受"神州第一古街"山塘街的喧嚣和繁华。

有着这般丰富内容的"藏宝地"山塘街，究竟有多长呢？山塘街东连阊门，西接虎丘，长约7里（1里＝500米），所以苏州俗语说"七里山塘到虎丘"。

民间还有许多人把"七里山塘"叫作"七狸山塘",因为传说这里镇守着7只狸猫。

相传明朝开国元勋刘伯温曾来到山塘街,发现山塘河伏在白堤旁,状如卧龙,他担心这儿要出真龙天子,将与皇帝朱元璋争夺江山,便施展法术,在山塘街上设置**7只石狸猫**(宝箱四)锁住龙身,这7只石狸猫按排列顺序依次为:山塘桥畔的美仁狸,通贵桥畔的通贵狸,星桥畔的文星狸,彩云桥畔的彩云狸,普济桥畔的白公狸,望山桥畔的海涌狸,西山庙桥畔的分水狸。

来热闹了上千年的山塘街,在桥头找到这些独特而"呆萌"的7只石狸猫,说不定会给你带来好运哟!

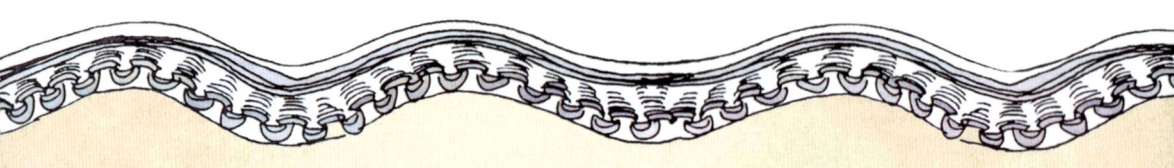

宦海沉浮白居易

苏州为纪念唐代大诗人白居易，于2006年修建了白居易纪念馆。该纪念馆如今成为游客走进山塘街看到的第一个景点。白居易纪念馆免费供游客参观，了解白居易与山塘街乃至苏州的渊源。

先不说文学上的成就，单论从政，白居易就是一位做事极有效率并做出了一番政绩的官员。他在杭州做官时修筑了西湖白堤，54岁那年从杭州转到苏州任职。调任苏州刺史不久，他到虎丘去，看到附近的河道淤塞，水路不通，立即决定疏浚河道，并着手开凿从虎丘到阊门的山塘河。这条河在阊门与运河相接。在河旁筑堤，这就是山塘街了。

白居易毕竟还是位诗人，修筑塘岸时也少不了诗情画意。他让人在长堤两侧种上了杨柳和桃李。每到春来，花红柳绿，白水泛舟，酒楼歌肆日渐繁华。到了明清两代，山塘堪与西湖相媲美。

正当白居易满怀激情地准备为苏州人民更好地服务时，第二年他在巡行时不小心从马上摔了下来，扭伤了腰；而更不幸的是，到了当年的秋天，他又患了眼疾，不得不卸任离开了苏州。

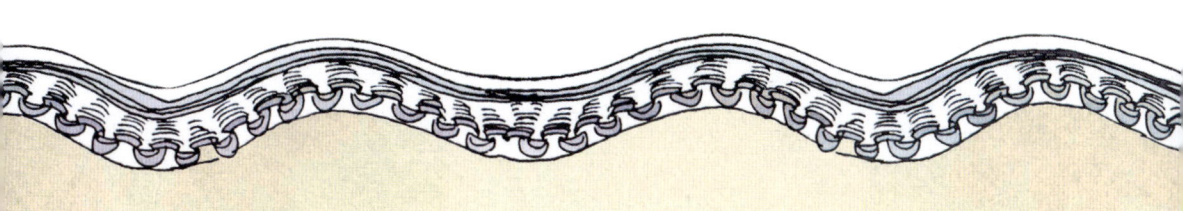

  山塘河的开凿和山塘街的修建，大大便利了灌溉和交通，沿河一带变得热闹繁华。苏州百姓非常感激白居易，舍不得他离开。白居易的好友，也做过苏州刺史的刘禹锡，在一首诗里记述白刺史离开苏州时的情景：苏州十万户，尽作婴儿啼。

  一个千余年前的刺史，在上任后仅一年多的时间里，能为百姓做这么多的事，也许是因为诗人的情怀起到了重要的作用。

平江路

平江路是苏州的一条历史老街，因紧邻着平江河而得名。这条街依水而建，便多了几分灵性。平江河不宽，岸边是白墙黛瓦的古宅、商铺，有着闹中取静的清幽。其实早在南宋时期，平江路就已经是当时苏州古城东半城的主干道，800多年来，平江路的河流形态没变，街道建制也与原先基本相仿，堪称城市发展史上的奇迹。

清晨宁静的平江路，是恬淡闲适的世外桃源。店铺还没开张，街上几乎没有游客的身影，来来往往的都是当地居民。青年人骑车去上班或者送孩子去上学，早起的老人悠闲地遛狗或是聚在一起聊家常，河岸边的人家在河边洗菜……放眼望去，人字形的屋顶，斑驳的老墙，晒褪了漆的阁楼门窗，粗陋的花盆里种着的不知名的小花，这条路在此时真正变回安静的江南枕河人家的生活场所。

　　午后和夜晚的平江路，显得优雅而时尚，沿街的店铺，一家紧挨着一家，妖娆地林立着。那些或古朴或时尚的小店，每一家都有着独树一帜的风格，异彩纷呈的繁荣景象令人着迷。苏州盛产丝绸，在平江路上还坐落着一些贩售丝绸制品的小店，而旗袍所代表的东方情怀，在丝绸和绣工独步天下的苏州临风展露。在平江路上找一家旗袍店（宝箱一），细细欣赏一下旗袍里的江南韵味吧！

　　除了民宅和商铺，平江路路边上的小弄堂里，还有苏州评弹博物馆、昆曲博物馆、扇子博物馆等文化场所。

　　评弹博物馆（宝箱二）每天下午有评弹表演。评弹是采用吴语表演的曲艺说书戏剧形式，是国家级非物质文化遗产。评弹表演时演员常见男女搭档。男子穿长褂，执三弦；女子着旗袍，执琵琶。和戏曲不同的是，评弹曲目里的多重角色都由男女分配来唱，一个人要扮演多重角色。来苏州听一场评弹，从声音里感受吴侬软语的另一番魅力。

除了因历史而出名外，美食也是平江路的突出特色之一。平江路上的美食（宝箱三），中西式都有，传统与创新兼具。五香鸡爪、麻辣土豆、铁板豆腐、玫瑰饼、糖葫芦、老酸奶、桂花糕、冰淇淋、酸梅汤……寻常的食物，都在平江路得以升华，拥有了独特的味道。热乎乎的鸡爪带着黏稠的卤汁，还没被放进嘴里，它香喷喷的味道就令人折服，啃上一口时，只觉得它软烂劲道！

平江路

○ 桃花源记

○ 评弹博物馆

○ 猫的天空之城

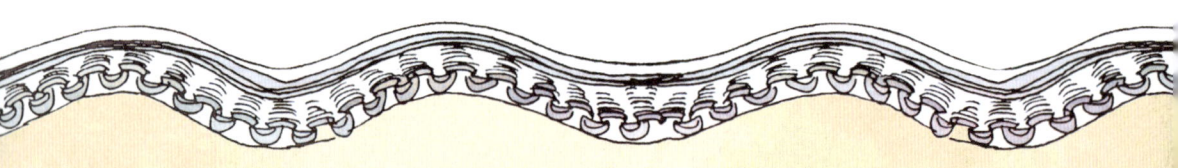

以身炼剑的悲剧故事

平江路南端与干将路相连,干将路是贯穿苏州古城东西方向的大道,作为苏州的主干道,永远是车流如织的状态。

干将和莫邪是中国神话传说里的神剑,经常出现在武侠小说里。传说在春秋时期,吴王阖闾为争霸天下,抓来了当时有名的铸剑高手为他铸剑,而干将和莫邪夫妇也在其中。吴王要求他们在100天之内,铸造出一把独一无二的宝剑。王命难违,几个月过去了,剑仍未铸好,紧要关头莫邪跳入炉中,化作青烟,于是雌剑得以按期铸成,随后,干将将雌剑献给了吴王。

很早以前苏州就有了干将路,但却一直没有一条纪念莫邪的道路。为了弥补这份千年的遗憾,苏州古城东侧护城河外的一条路被命名为莫邪路。从此干将、莫邪以这种特殊的形式,永远在苏州"定居"了。

苏州博物馆

人们都说要了解一个地方，可以先从博物馆开始。来苏州探宝，自然也要去苏州博物馆取取经啦！

苏州博物馆位于拙政园旁边，博物馆建筑自身就是一件超凡脱俗的艺术品，既有现代的时尚感，又不失传统的低调素雅，庭院的设计也涵盖了古典私家园林的四大要素：理水，叠山，建筑，花木。透过苏州博物馆大厅的玻璃大窗望去，映入眼帘的庭院里有拙政园的白墙，墙前堆叠着层次不一的山石（宝箱一），形似连绵的远山，映在水里，如一幅巧妙的山水写意画。

苏州博物馆是著名华人建筑大师贝聿铭的封山之作。贝聿铭是闻名世界的建筑设计大师，法国巴黎卢浮宫前面的倒金字塔就是他的杰作，广受赞誉。

现在苏州博物馆常设的4个展览都是富有苏州地方特色的系列展览，展览主题分别是吴地遗珍、吴塔国宝、吴中风雅、吴门书画。其中吴门书画展厅（宝箱二）用于展览明代中期吴门画派的作品。吴门画派的主要代表人物是明代中期生活在苏州的画家，他们有着深厚的文化修养和艺术造诣，是诗书画三绝的文人画家。吴门画派一般被认为始于沈周，成于文徵明，加上唐寅和仇英，合称"吴门四家"或称"明四家"。

博物馆主体建筑旁边是清代农民起义政权太平天国忠王李秀成的王府，现在忠王府已经成为博物馆的组成部分。忠王府里的苏式彩绘（宝箱三）堪称一绝，是现存清代苏式彩绘的代表作。

苏式彩绘是民间建筑使用的绘画形式，俗称"苏州片"。一般用于园林中的小型建筑，如亭、台、廊、榭以及四合院住宅垂花门的额枋上。苏式彩绘色调偏暖，画法灵活生动，题材广泛，博古器物、山水花鸟、人物故事无所不有。

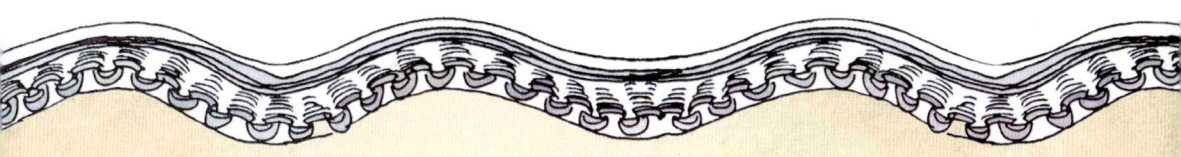

悲剧大才子唐伯虎

提到吴门画派代表人物唐寅的名字,可能有人会觉得有些陌生,但他的别号"唐伯虎",大家肯定如雷贯耳。说起唐伯虎,人们的脑海中多会浮现出民间传说和影视作品中演绎的形象:才华横溢、风流倜傥、浪漫非凡。然而,历史上唐寅真实的一生,堪称一部经典的悲剧。

在故事的开始,主角唐寅是个人生一帆风顺的超级"学霸",16岁时秀才考试得第一名,轰动了整个苏州城。不过,在唐寅25岁那年,家中遭遇变故,父亲、母亲、妻子、妹妹在一年之内相继去世,这对他造成了沉重的精神打击。他更加努力读书,29岁时去参加乡试,又得了第一。一时间,唐寅声名鹊起,名震江南,春风得意。

然而,随后就迎来了故事的重要转折点。30岁的唐寅踌躇满志地进京参加会试,路遇同去赶考的富家公子徐经,两人结成莫逆之交。

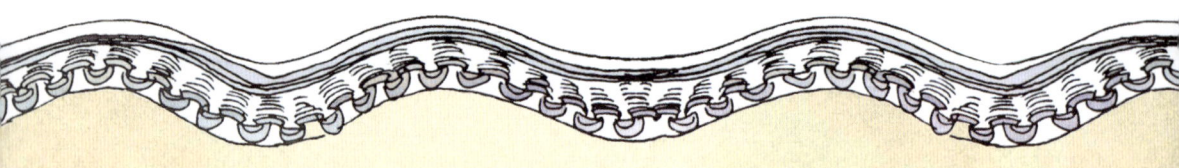

徐经以钱财贿赂的方式得到了试题。在开考前，徐经请唐寅帮他写好了文章，而唐寅事先并不知情。事后徐经科考舞弊的事被告发，两人都锒铛入狱。一年后，唐寅被释放出狱，经此一遭，仕途已然无望。此后，他借酒浇愁，游历名山大川，在外游荡了一年多后，银子花光了，只得硬着头皮回归故里。

唐寅返回苏州后，继室离他而去，他以卖文卖画为生。唐寅在一首诗中写道："不炼金丹不坐禅，不为商贾不耕田。闲来写就青山卖，不使人间造孽钱。"

后来，36岁的唐寅在苏州桃花坞筑屋，取名桃花庵，自号桃花庵主，并作《桃花庵歌》。平日里，他和沈周、祝枝山、文徵明等好友饮酒赋诗，挥毫作画，日子过得清闲而超脱。这段时期，唐寅对科举、权势等封建社会所尊奉的价值体系，开始采取蔑视和对抗的态度，并有意识地强化了自己"狂诞"的形象，世人眼中的风流才子唐寅就源于此阶段。

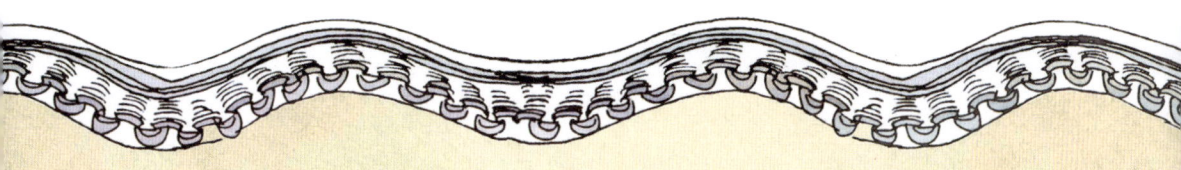

当你以为唐寅成为风流才子从此逍遥，才发现故事还远远没有结束。唐寅的才华被明宗室宁王看中，以重金征聘到南昌。然而，唐寅发现自己竟身陷宁王的政治阴谋之中，于是靠装疯脱身。宁王起兵反叛被朝廷平定后，唐寅虽避免了杀身之祸，但也惹上不少麻烦。

从此唐寅思想渐趋消沉，转而信佛，自号六如居士，"六如"取自《金刚经》的经文"一切有为法，如梦幻泡影，如露亦如电，应作如是观。"佛教以梦、幻、泡、影、露、电，喻世事之空幻无常。

唐寅从南昌回家后，因常年多病，不能经常作画，加上又不会持家，生活艰难，甚至靠向好友祝枝山、文徵明两人借钱度日。54岁时，唐寅结束了凄凉的一生，死后被葬在桃花坞北。一代悲剧才子唐寅的故事，就此画上了句号。

桃花庵歌

唐寅

桃花坞里桃花庵,桃花庵里桃花仙。

桃花仙人种桃树,又摘桃花换酒钱。

酒醒只在花前坐,酒醉还来花下眠。

半醒半醉日复日,花落花开年复年。

但愿老死花酒间,不愿鞠躬车马前。

车尘马足贵者趣,酒盏花枝贫者缘。

若将富贵比贫者,一在平地一在天。

若将贫贱比车马,他得驱驰我得闲。

别人笑我忒风颠,我笑他人看不穿。

不见五陵豪杰墓,无花无酒锄作田。

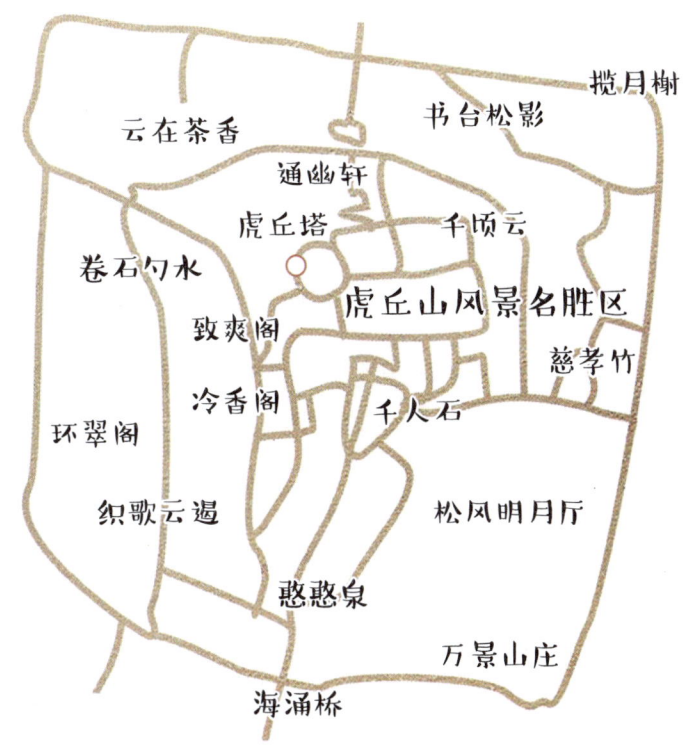

虎丘

　　虎丘享有"吴中第一名胜"的美誉，苏东坡说"到苏州而不游虎丘，乃憾事也"。相传春秋时，吴王夫差葬其父阖闾于此，葬后三日有白虎踞其上，故名"虎丘"。

　　进入虎丘景区后，沿山路而行，一路上可见著名的虎丘十八景。这些名胜古迹都有引人入胜的历史传说或神话故事。虎丘十八景中，首屈一指的是云岩寺塔，也就是 虎丘塔（宝箱一）。古朴雄奇的虎丘塔是世界上最古老的斜塔，早已成为古老苏州的象征。虎丘塔始建于宋代，共7层，高47.5米，但由于地基的原因，塔身自400多年前就开始向西北方倾斜。据初步测量，塔顶部中心已偏离塔底部中心垂直线2.3米。

虎丘十八景中的剑池幽奇神秘，相传池底埋有吴王阖闾的墓葬，其子吴王夫差曾以鱼肠剑和其他宝剑共三千把为父亲陪葬，故名"剑池"。传说秦始皇和孙权都曾来此寻剑，有很多人说剑池之所以成了现在的模样，是因为这两位皇帝寻剑时曾经开山劈石。

剑池的外侧有一块南北倾向的大盘石。传说阖闾墓筑成后，吴王夫差担心工匠们泄露墓中的秘密，便将全部工匠邀来饮酒看鹤舞。工匠们兴高采烈地伸长脖子，等待着仙鹤降临，但等到的却是一把把寒光闪闪的利刃。当年千余名工匠喋血石上，至今石头还是紫褐色的，名曰"千人石"。

剑池旁的一块石壁上，镌刻着的 4 个大字"虎丘剑池"（宝箱二）。据说这 4 个字是唐代大书法家颜真卿的手笔。另有传说，现在石上的"虎丘"二字是后人补刻上去的，所以在当地有"真剑池，假虎丘"的说法。

康熙帝曾六次游虎丘,最后一次还在山上行宫住了一夜。他为虎丘山寺题写雅名"虎阜禅寺"。从此虎丘寺改称 虎阜禅寺(宝箱三),金匾至今高悬于头山门。

虎丘上有一石井,传为唐代陆羽所挖,因而被称为"陆羽井"。陆羽是中国第一部茶书——《茶经》的作者。他曾长期寓居虎丘,一边研究茶叶,一边撰写《茶经》。他发现虎丘的山泉甘甜可口,将其评为"天下第三泉"。

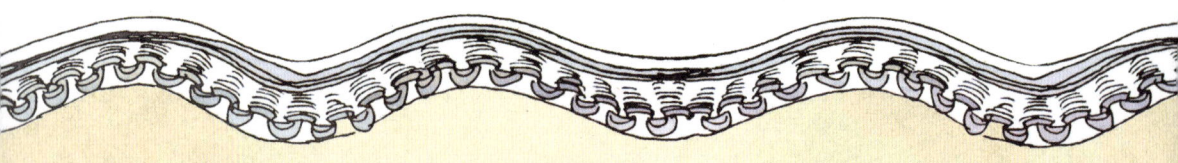

夫差与西施的故事

讲姑苏城，很难绕开吴王夫差；讲到夫差，那就不得不提中国最有名的女人之一、史上第一女间谍、古代四大美女之首——西施。

相传西施出身贫贱，曾靠洗衣服为生，可是她的美却惊动了水里的游鱼，它们因自惭形秽而躲藏到水底，因此流传下来"沉鱼"的典故。西施因体质娇弱，常用手按着心口，皱着眉头，世人皆以为美，更引得邻家女子"东施效颦"，这段趣闻也流传至今。

西施的故事，得从当年勾践在吴国为奴三年后回越国开始讲起。回国后，勾践下定决心打败吴国，报仇雪耻。臣子范蠡、文种等人出了不少主意，其中有发展经济、训练军队、增强国力等，还有一个计谋是送美女给夫差，以消磨他的意志。范蠡到民间物色美女，民女西施和郑旦被选中送到吴国。

传说范蠡在培训西施的过程中，与西施产生了感情。越国于公元前473年打败吴国，实现了复仇的目的。范蠡立有大功，被封为上将军，但是他却毅然离开越国，带着恋人西施泛舟江湖。关于西施的结局，还有另一种说法：吴国被灭后，西施发觉自己已真正地爱上了夫差，而战争又让她失去了夫差，于是投湖自尽。

范蠡与西施的故事虽然优美动人，却无历史依据。关于西施的结局没有定论：在吴人眼中，她是亡国的祸水，自然希望她沉入湖中；在越人眼中，她是复国的巾帼，自然盼着她得以善终。无论怎样，这位倾国倾城的女子，只是那个群雄争霸时代的可怜牺牲品。

苏州美食

苏州素称鱼米之乡，鱼鲜虾蟹、粳糯稻米是苏州美食的主调，它们的烹调和制作技艺历经代代名厨师的传承与创新，至今已达到炉火纯青的境地。苏式食品在我国饮食文化史上占有重要的地位。苏州古城内，山塘街、平江路、十全街、观前街（太监弄）、嘉馀坊、凤凰街和干将路（近人民路）等，是苏州美食的汇聚之地。

来古城探宝，自然不能遗漏了美食街这块巨大的宝藏地！

面

都说北方人爱吃面，南方人好吃米，然而苏州人对面的热情，却不亚于北方人。面（宝箱一）在苏州美食中的地位，就像云南的米线、重庆的火锅、成都的串串等在当地美食江湖中的地位。在苏州，一条不长的街道上，可能就散落着好多家面馆，而且个个都生意红火。

苏州有很多家老字号面馆，每家面馆都有自己的不传之秘。面汤决定了面条的味道，一碗好面必须要有一碗好汤。苏州面的汤分红白两种，简单的区别标准即是否加入酱油。细分起来，各家店自然有各家店的配方。

苏州美味的面很多，有三虾面、冻鸡面、奥灶面、鳝丝面、大肉面、虾仁面、焖肉面、爆鳝面、阳春面、素浇面、羊肉面、大汤黄鱼面……

奥灶面是很有苏州特色的一种面，发源于苏州昆山。据说，它的发明者颜陈氏取鲜活肥硕的青鱼，以鱼肉、黏液、鱼鳃、鱼血加上作料秘制而成的面汤令顾客盈门。她的好生意让其他面馆的老板十分嫉妒，便谣传颜陈氏的面"奥灶"。"奥灶"在吴方言里是龌龊的意思，叫着叫着，这个面馆就被叫成了"奥灶馆"，面也便成了"奥灶面"。

苏邦菜

苏邦菜（宝箱二）是不得不提的苏州美食。苏邦菜讲求时鲜、精细，属于"南甜"风味，不仅选料严谨，制作精细，更是因材施艺，四季有别，烹调技艺以炖、焖、煨著称，重视调汤，保持原汁原味。松鼠鳜鱼、响油鳝糊、清炒虾仁、东坡肉、蟹粉狮子头、苏式西瓜鸡……这些苏邦菜名菜，不但滋养着苏州人，也影响了众多外地人，苏邦菜因此成为苏州的一块金字招牌。

松鼠鳜鱼其实就是油爆出来的鳜鱼，因为鱼身炸后刀花翻起，形似松鼠，尤其是上桌时，浇上热气腾腾的卤汁，"松鼠"便"吱吱"地"叫"起来，所以取了这么个有趣的名字。松鼠鳜鱼的造型异常美观，颜色酱黄，光滑油亮，皮酥肉嫩，甜酸醇鲜。

苏式西瓜鸡实质上是清蒸鸡。将清蒸好的童子鸡装入西瓜皮囊中，盖上瓜盖，便可上桌。菜馆里做西瓜鸡时处理西瓜很讲究，瓜要大小适中，从顶端处横向切开，将瓜瓤挖尽，在西瓜表皮上刻花，主图上下再刻上回纹花边。暑热之中，酒桌上能看到绿油油的雕刻精美的西瓜壳，还能从西瓜中舀汤夹鸡肉，尝起来别有一番风味。

藏书羊肉

大概因为苏州水太多，冬天湿冷，所以这边特别流行吃羊肉。每逢秋冬，遍布街头巷尾的大小羊肉馆飘出阵阵羊肉的香气，食客络绎不绝。

地处苏州西部的藏书镇，境内群山绵延，植被丰富。明清时期，当地百姓就从事养羊、宰羊、烹羊、卖羊的行当。当地人有秋冬进补的食俗，羊肉保健养生的功效也渐渐地被大家所认可，"冬天一碗羊肉汤，不用大夫开药方"。

藏书羊肉（宝箱三）的名声渐渐大了起来，明代酒楼中所用到的羊肉，大多是从藏书地区收来的，烹饪方法也不同程度地借鉴了藏书羊肉独特的烹制方法。随着城里品尝羊肉的人越来越多，一些有经营头脑的藏书人就开始自己宰羊、烹调，将烹调好的羊肉、羊汤装进一副担子里，挑起来在苏州城里沿街叫卖，成为当时的一道独特的风景线。

直到清朝光绪年间，藏书人开始在苏州城内设店经营，俗称"羊作"。民国后，苏州城内的藏书羊肉店渐渐多了起来，在道前街、鸭黛桥、娄门塘等多处，开出了"老源兴"和"新德和"等店堂。藏书羊肉历经数百年长盛不衰，名扬江浙沪等地。

苏州小吃

江南的小吃,永远有你想不到的精致做法,既然来苏州"寻宝",自然要尝尝苏州当地的名小吃(宝箱四)!有酱汁肉、糖粥、红豆粥、梅花糕、海棠糕、桂花糕、桂花藕、苏式青团、粽子、蟹壳黄、酒酿圆子、鲜肉月饼、竹筒糍粑、大碗茶、桂花烤肠、鱼味春卷……

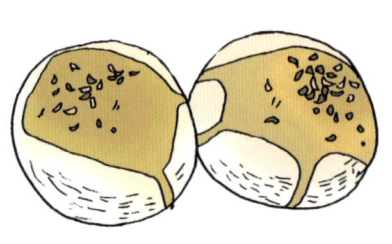

鲜肉月饼是苏州很有人气的小吃,刚出炉的时候吃才是最好的,趁着月饼还热乎乎的时候一口咬下去,酥脆的外皮和紧实的肉馅随着卤汁一齐进入口中,美味无比,满嘴余香令人欲罢不能。江南这边都兴吃鲜肉月饼,做得好的店铺前都排起了长队。有些店只在中秋前后卖鲜肉月饼,因为鲜肉月饼的皮是以酥取胜的,一旦月饼放久了汁液渗出,就会导致皮不好吃,馅料无味,所以过了人人买月饼的中秋,很多店就不愿意冒风险去做了。

本来清脆爽口的莲藕,也是经不住江南人的温柔细致,变得软糯可口。藕孔里填上糯米,再用藕蒂封住,放入锅中和冰糖、糖桂花、红枣一起小火慢炖,直到缕缕清香飘进你的鼻子里。按照江南人的吃法,将煮熟后的藕切成一片一片的,上面再淋一层糖桂花和蜂蜜调制的蜜汁,旁边泡上一壶茶,边吃桂花藕边喝茶,惬意得不得了。

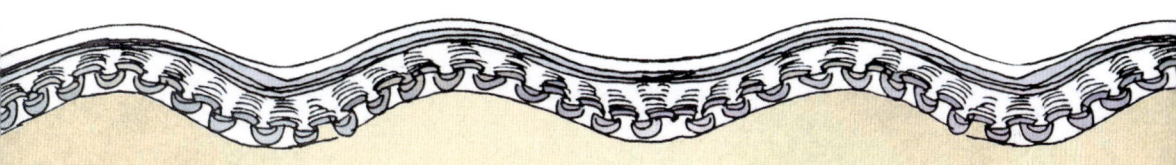

舌尖上的太湖

苏州市水系发达，而且傍着中国第三大淡水湖——太湖，太湖鱼类资源、水生植物资源丰富。"靠山吃山，靠水吃水"，苏州人对水有着格外深厚的感情，将水产烹制得格外地道。来苏州不吃水产，就跟去重庆不吃火锅一样令人感到遗憾。

太湖最负盛名的美味要数太湖三白、太湖水八仙和太湖蟹。太湖三白是指中国太湖的三种河鲜——白鱼、银鱼和白虾，由于其色泽均呈白色，因而被称为"太湖三白"。太湖三白制作菜肴的方法，多为清蒸白灼，强调保持食材的原味。

"三白"当中为什么会有"一银"？汉语里的"银"和"白"常常是一回事，比如银发和白发。银色和白色基本上属于同种色系，一般人看到的那种叫"银鱼"的鱼，论起颜色来，要比那种叫"白鱼"的更白。可是，这却是一个误会：银鱼被捕捞出水面时，它原来的银色会立即变成白色。

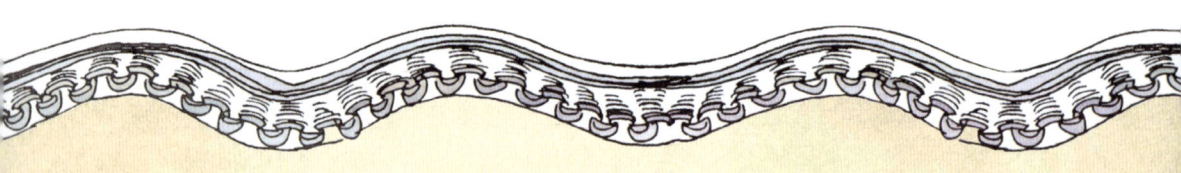

　　太湖水八仙是指莼菜、茭白、莲藕、水芹、芡实、慈姑、荸荠、菱角。芡实是一种水生草本植物，外面有褐色的壳，顶端凸起，模样颇似鸡头，一个果实里面大概有一两百粒"米"，所以俗称鸡头米。把鸡头米的壳去掉，将里面的仁儿碾磨成粉，就是做芡实糕的原料。芡实也经常当中药材用，有补脾的作用。苏州盛产芡实，到处都是卖芡实糕的小店。

　　太湖蟹是我国有名的淡水蟹之一，太湖下游湖群之一阳澄湖的大闸蟹，就更有名了。阳澄湖的蟹，个大体重，蟹黄肥厚，肉质细嫩。江浙人民大多是蟹的忠实粉丝，吃蟹还有专用的工具"蟹八件"，一钳一勺，细敲细打，一点蟹肉都不浪费，蟹脚尖的肉也剔得干净，有的人吃完后甚至还能将蟹壳拼成完整的一只蟹！

　　江浙烹蟹的方式有很多，而蟹黄汤包一直都备受欢迎。原因倒也不难理解。螃蟹虽鲜，吃起来却太过烦琐。如果有人将蟹黄和蟹肉仔细剔出来，连同鸡汤做成的皮冻，一起包进这个剔透的小"灯笼"里，食客只需用吸管吸一口汤，就能霸占蟹黄的鲜和蟹肉的香，那是多么方便又惬意的事啊！

寒山寺地方不大，但名气很大，曾是我国十大名寺之一。寒山寺最初的名字叫"妙利普明塔院"，在唐代贞观年间，这里来了两位天台山的高僧——寒山和拾得，后来为了纪念他们寺庙才改名为"寒山寺"。

寒山、拾得这两位人物，值得多介绍一下，因为他们从真实的人物，变成了民间信仰中主婚姻和合的神仙，被称为"和合二仙"。全国各地有很多他们的画像，画像上一位手持的荷花是并蒂莲的意思，另一位手持的篦盒象征"好合"。莲花与篦盒也作为传统纹饰中的经典图案，常见于木雕、漆画、砖刻、刺绣、剪纸和木版年画等。

1000多年内，寒山寺几次遭到火毁，最后一次重建是清代光绪年间。寒山寺内现存的古迹有很多，张继诗的石刻碑文（宝箱一），寒山、拾得的石刻像（宝箱二），文徵明、唐寅所书的碑文残片（宝箱三）……在寒山寺普明宝塔的二楼，游客可以远眺整个寒山寺景区，并亲自体验敲钟（宝箱四）。据说唐代诗人张继之所以能写出千古名诗《枫桥夜泊》，也是因为多次参加科举考试落榜，旅途中的美景和寒山寺的钟声消除了他的烦恼，他继续寒窗苦读，后来再次赴京应试，终于得中进士。

寒山寺坐落在姑苏城外西侧古运河畔的枫桥古镇。京杭运河曲折蜿蜒，像一条银光闪闪的绸带，为古镇增添了一道美丽的风景线。从寒山寺往西，过枫桥或江村桥，便是枫桥景区的水中小洲部分了。

文化真是很神奇的东西，都说百无一用是书生，但是张继仅凭一首诗就让这个原本名气并不算大的景区突然声名远扬，有了让人到此一游的理由。

观前街

　　观前街（宝箱一）是苏州市传统商业街区，主街长约 800 米，街边是鳞次栉比的商店，有卖服饰的，有卖特产的，最精彩的是几家苏州本地老字号，例如采芝斋，里面有袜底酥、鲜肉月饼等苏式糕点。观前街南侧的太监弄，是苏州有名的美食街，里面的得月楼、松鹤楼，以做苏邦菜闻名。除此之外，你也可以在观前街吃到全国各地的特色美食。

位于观前街中心地带的玄妙观是江南第一古观，至今已经有 1700 多年的历史了，观前街也是因其而得名。玄妙观里的三清殿，是江南现存最大的木构古建筑。玄妙观里的老子像碑，是国内仅存的两块老子像碑之一。玄妙观里来来往往祈福的人群，也是一道独特的风景线。

西园寺

西园寺（宝箱一）是苏州人口口相传许愿"很灵验"的寺庙，它始建于元代，现存建筑为清代重建。寺内古树很多，香樟、银杏等都有百年以上的历史。

西园寺是苏州城内唯一的寺庙园林，这是寺庙与园林相结合的一种园林类型。寺庙主要建筑都在南北向的中轴线上，游客沿中轴线即可一一参观。五百罗汉堂是西园寺最值得一看的建筑，堂中央有一座用香樟木雕成的千手观音，还有500座贴着金箔的罗汉塑像，造型各异。到这里，你可以试试"数罗汉"这一特

色民俗活动。具体操作如下：按男左女右的规则进门，选一尊自己看得顺眼的罗汉塑像作为第一尊开始数，一尊一尊地依次数到自己虚岁年龄时停下，你面前的这尊罗汉就代表了你的运势。记住这尊罗汉的序号，到罗汉堂门口请一张对应的罗汉卡，上面有注释签文。

　　罗汉堂的南侧有济公雕像，北侧有疯僧雕像，两座雕像的衣带与褶皱都仿佛真的一样，相传它们是当年塑造500座罗汉像的两位带班老师傅的杰作。

金鸡湖

　　金鸡湖（宝箱一）位于苏州工业园区，相比古色古香的古城区，这里林立的高楼展现了苏州现代化的一面。这里有苏州文化艺术中心、苏州巴塞当代美术馆等。

　　黄昏时分环湖走走，可以看到美得醉人的日落，看到苏州的新地标——俗称

"大裤衩"的东方之门摩天大楼。如果走累了,在湖边的小店点上一份下午茶,静静享受悠闲的时光。等夜幕降临,去看看著名的圆融天幕,巨型LED天幕横穿整个圆融时代广场,其长度超过美国拉斯维加斯天幕的长度。每晚天幕定时开启,你可以看到硕大的荷叶在头顶铺展,五彩的鱼从头顶游过。

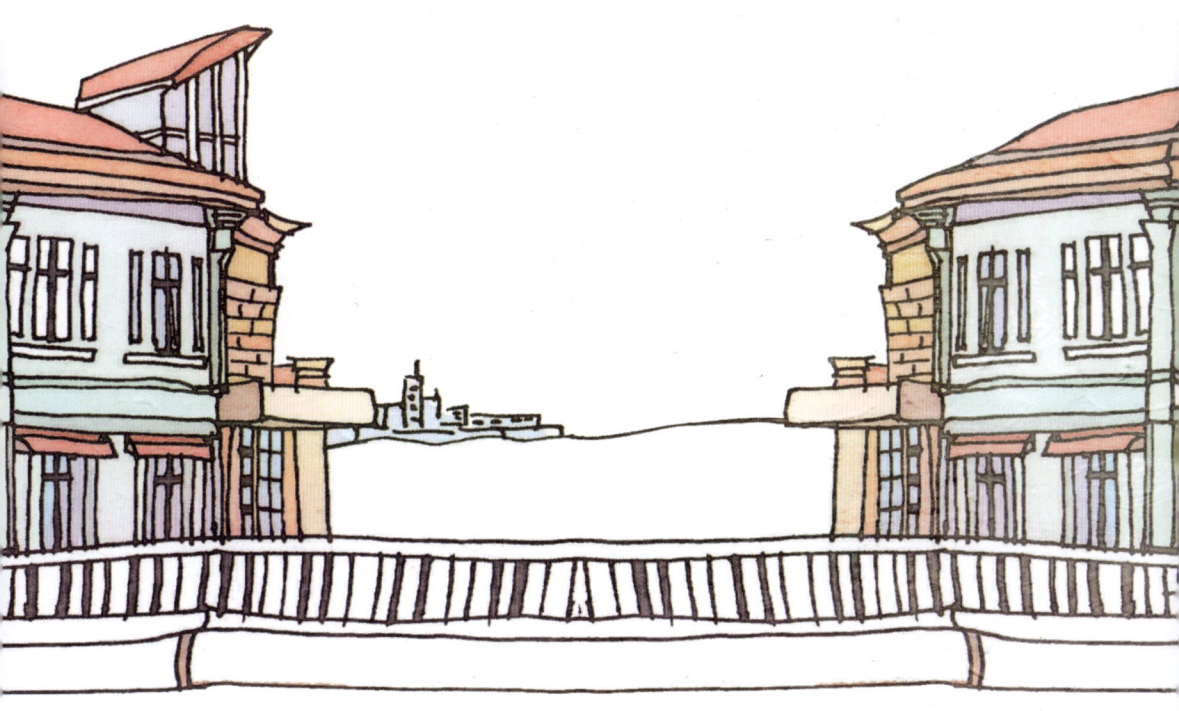

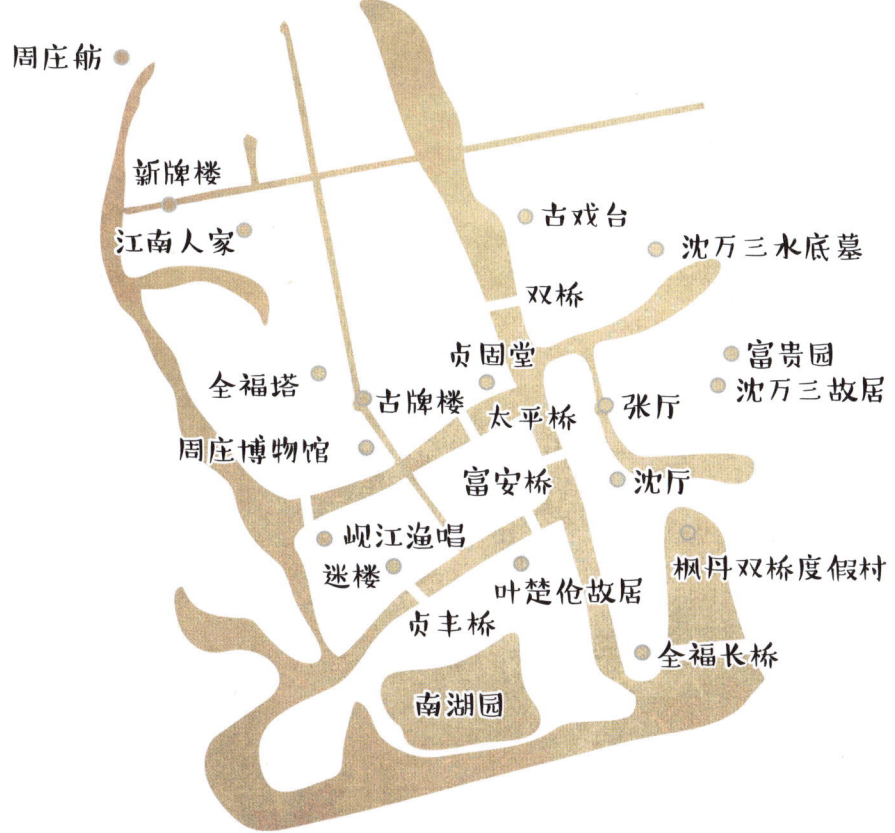

周庄古镇

周庄建于北宋年间，有"中国第一水乡"之誉。这是一片神奇的土地，它被人熟知，但又不被人了解。周庄景区名气大，游客也不少，以团队型游客为主，大部分游客上午到，下午就走了。这就意味着，周庄的清晨和夜晚，相对于其他知名度很高的古镇来说，是比较宁静的。

周庄的夜晚，是一天中的精华，暮色之中，小桥流水人家，微风古树银花，呈现出一番别样风情。周庄的一些大姐阿婆们开展了一项副业——给游客们唱小调。因而在夜晚时分漫步于周庄，耳边偶尔会飘来江南小调。深夜的周庄，静得连空气都像凝固了似的，人行其中就像走在一帧帧古色古香的定格画面中。只有偶尔蹿出的野猫，才提醒你这一切是现实。

如果决定在周庄过夜，你可以去看看**《四季周庄》演出**（宝箱一），欣赏中国第一部呈现江南原生态文化的水乡实景演出。数百位原住民担任演员，再现真实的生活、劳作场景，带人穿越时空，领略历经沧桑却不曾改变的质朴与典雅。

若是在白天出门，可以去逛逛古镇内的景点。**沈厅**（宝箱二）是周庄最重要的景点之一，也是国家级重点文物保护单位，由沈万三的后裔所建。沈厅有七进五门楼，大小房屋共100多间，分布在100米长的中轴线两侧，占地2000多平方米。整座建筑造型浑厚，古朴典雅。走在其中，仿佛能隔着时光，看到阿婆在洗衣，看到祖先在议事，听到喜乐起，听到哀乐落……

离沈厅不远的**富安桥**（宝箱三），是江南水乡仅存的立体型桥楼合璧建筑。桥身四侧还分别建有飞檐翘角的楼阁，飞檐高啄，遥遥相对，宛如阁中飞桥，又像桥上建屋。桥楼合璧，相映成趣，它不仅是江南桥楼之冠，也成了古镇周庄的象征。

　　来到苏州，怎么能不听一场昆曲呢？**周庄古戏台**（宝箱四）是听曲的好地方，这里有以江南走马楼式观演楼、古戏台和展览馆为主体的古建筑群。戏台木工精巧，巍峨庄重，覆盆状的凤凰藻井是戏台的"原始音响"，一场昆曲听下来，只觉风情缱绻，余音绕梁。

　　逛累了，可以找个饭店歇脚，品尝周庄的美食——**万三蹄**（宝箱五）、三味圆、白丝鱼、酒香草头、姜汁田螺……万三蹄是周庄最有名的美食，煨煮好后皮润肉酥,汤色酱红,肥而不腻,咸甜适中,入口即化。它的吃法更是特别,从两根贯穿整个蹄髈的长骨中选一细骨轻抽而出,蹄髈外形不变。以骨为刀,蹄髈被顺顺当当地剖开,让人们分而食之。

袜底酥也是周庄有名的点心之一,据说是仿照宋朝宫廷茶点制作而成。它形如袜底,一层层油酥薄如蝉翼。刚出炉的袜底酥散发出鲜亮的光泽,咬起来清香松脆,吃到嘴里甜中有咸,特别好吃,在江南一带一直是人们争相品尝的传统茶点。

最倒霉的首富——沈万三

  明朝首富沈万三，可以说是周庄最有名的人物了，关于他的野史传说为民众所熟知，满街卖蹄髈的商家为了和他扯上关系，都称自家的蹄髈为"万三蹄"。相传明太祖朱元璋到沈万三家做客，沈万三以猪蹄髈招待朱元璋。朱元璋看到后故意为难沈万三，问他吃法，因为整个蹄髈没有切开，如果沈万三用刀，即意为杀猪（朱），朱元璋就可以名正言顺地治他的罪。沈万三却灵机一动，从蹄髈中抽出一根细的骨头来，以骨切肉，就有了万三蹄髈的传统吃法。朱元璋觉得非常好吃，就问沈万三这道菜叫什么名字。沈万三一想，皇帝姓朱，总不能说这叫猪蹄髈，于是一拍自己的大腿说，这是万三的蹄啊，于是万三蹄由此得名。

  民间传说，沈万三有一个聚宝盆，放进一支金钗就能取出一大把金钗，放进

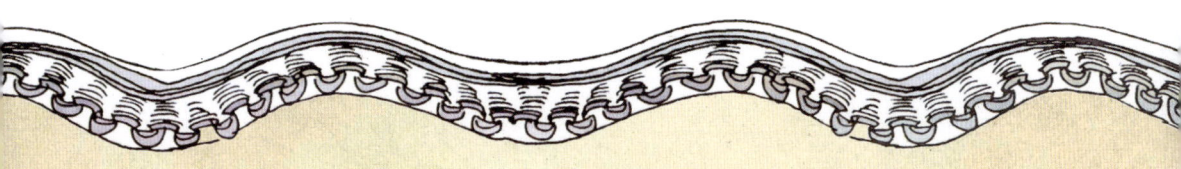

一只银元宝就能取出一盆银元宝，取之不尽，用之不竭。传说沈万三就是依靠聚宝盆成为明朝首富的。而事实上，沈万三是靠着努力，一步步积累这么多财富的。他以垦殖为根本、以分财为经商的资本，大胆开展海外贸易，一跃成为巨富。

后来，朱元璋准备在南京建都，并决定扩建都城。由于战事频繁、开支浩大，根本没钱修城墙。沈万三答应出钱修筑部分工程。他聘请一流的营造匠师，并亲自去工地上监工，最后他所修的城墙比皇家修筑的城墙还提前了三天完成。

可这样做，却恰恰伤了皇帝的面子。随后，沈万三竟又向朱元璋提出，打算拿出自己的百万两黄金，代替皇上犒赏三军。这让朱元璋龙颜大怒，没收了沈万三家产，将他发配至云南边陲。

同里古镇

同里建于宋代,至今已有1000多年的历史。由于古代它与外界只通水路,很少遭受兵乱之灾,成为了当时富绅豪商避乱安居的理想之地。

同里以"东方小威尼斯"著称，镇内家家临水，户户通舟，明清民居，鳞次栉比。最能使人感受到同里水乡风情的游览方式，当数乘坐摇橹船（宝箱一）了。同里古镇的河道窄窄的，两旁都是参天大树，处处石桥横跨，绿荫下的摇橹船，水中古镇的倒影，都是同里最美的风景……

河道纵横，自然桥多。古镇内有很多宋元明清时期的桥，都保存完好，其中最有名的当数三桥（宝箱二）。三桥分别是指太平桥、吉利桥和长庆桥。这三桥的桥身是用石块砌成的，十分坚固。三桥是同里的象征，每当人们结婚时，总要披红挂彩，在三桥上走几遍，传说这样一来婚姻会幸福美满。

同里的另一个著名景点"退思园"（宝箱三）被联合国教科文组织列为世界文化遗产。退思园地方不大，简朴无华，素净淡雅。园主任兰生曾做过盐商，后来弃商从政。虽然百姓赞誉他是个好官，但是他却遭到弹劾而被免职。任兰生被革职后回到同里，请画家袁龙为自己设计建造了退思园。园名取《左传》"进思尽忠，退思补过"之意。任园主真的是为了"退思补过"吗？

进园内大堂，正面中间挂着"退思园"匾额、一幅山水图、一副"对联"。对联上写道："种树者必培其根，种德者必养其心。"下面的条案上摆放着瓷瓶、石屏，寓意平平安安。这样看来，任兰生真的是闭门思过，老老实实养心智；隐居乡间，平平安安过生活。

转过身来，只见右面墙上挂着一幅国画，画中的一只老虎趴在地上，前半身探出山洞，后半身缩在洞里，两只前爪交错相搭，完全放松。此画题名"蓄锐图"（宝箱四），题字"退之兮思过，进则兮尽忠，养精兮蓄锐，拼搏兮当冲"。这是一只不甘寂寞的虎，一只以退为进的虎，一只养精蓄锐的虎，一只但凡有机会就会冲出山洞的猛虎！

果然，在任兰生建好园子准备退而思过的时候，又被复职。任兰生立刻如猛虎下山一般，迅速到皖北上任赈灾。可惜两月后，他在江岸巡视时掉下马，因公殉职。

同里的珍珠塔（宝箱五）跟退思园一样，是一座典型的私家园林，乃明代官员陈王道的府邸。整座园林的面积是退思园的好几倍。它本是一座私人府邸，为什么会被称为珍珠塔呢？原来"珍珠塔"这一名字来源于一个美丽的爱情故事，故事的主人公为这座府邸的小姐陈翠娥与其丈夫方卿。

方卿与陈翠娥本为表兄妹，当贫寒的方卿来陈府投靠姑姑时，姑姑将他狠狠地羞辱了一番，这就是著名的"方卿见姑"的故事。后来便有了陈家小姐陈翠娥，

将陈府的传家之宝珍珠塔偷偷赠予方卿，助他考取功名，两位有情人终成眷属的故事，珍珠塔的名字由此而来。

珍珠塔的爱情故事已经问世几百年，深受人们的喜爱。从评弹到戏曲（锡剧、越剧、扬剧、淮剧、梆子戏），再到电视剧，人们用不同的表演形式演绎这个故事。

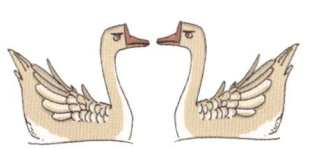 

"以雁为礼"——有趣的古代婚俗

同里古镇有一个婚俗博物馆,里面有古代的结婚证、嫁衣、火盆等许多有意思的物件。古人特别重视婚嫁。中国传统婚嫁经过纳采、问名、纳吉、纳征、请期、亲迎六道仪式,即为"六礼"。

纳采俗称说媒,男子中意哪家姑娘,便托媒人去提亲。女方同意,男方才能再去女方家求婚。在古代,纳采常以活雁作礼,人们认为雁失配偶后,终身不再成双,是忠贞的鸟儿,于是以雁为礼,表达求婚的诚意。

问名俗称合八字,如果八字合,就纳吉(订婚)。男方要备礼到女方家,旧时男方备礼也是用雁。然后双方互换婚书,表示婚约达成,至此,女孩子就"有人家了"。

纳征即下聘礼。完婚前男方向女方家送彩礼。男方家手捧肩挑礼品,伴以鼓乐送至女方家,女方家协助将礼品摆开,供亲朋好友观赏。女方收下彩礼,婚约正式成立。聘礼数量需为双数,意为成双成对,忌讳单数。

请期俗称定日子。男方择定结婚吉日,托媒人告知女方。娶亲之日,新郎换上礼帽,胸前系大红花,迎娶新娘,叫亲迎。花轿到达时,鼓乐队要吹三遍,女方家才开门。离屋上轿时,新娘足不着地,由新郎或家中兄长背上或抱上花轿。起轿后,中途不能落轿。新娘由伴娘扶着下轿后,开始拜堂仪式,随后送入洞房。

锦溪古镇

锦溪古镇（宝箱一）是个离周庄很近、有千年历史的江南水乡古镇。古镇不大，但散落着各种古老建筑。

沿着水巷走到老街尽头，眼前一片开阔，一汪泊满摇橹船的古莲池前，坐落着始建于南宋的莲池禅院和文昌阁，寺内香火甚旺。每逢夏季，古莲池中青莲繁茂，映衬着十眼长桥，景色非常唯美。远处的五保湖湖面上还静卧着陈妃水冢，那是南宋孝宗皇帝的宠妃之墓，据说不管水位如何变化，水冢总是露在湖面上，是一处名胜。

在一种传说里，陈妃是宋孝宗的爱妃，宋孝宗当太子时带着陈妃到镇江打仗，胜利之后在船上庆功吃螃蟹，螃蟹本是寒性食物，陈妃嘴馋吃多了螃蟹，因此积寒病故，而后宋孝宗便请风水师找了这处地方安葬陈妃。宋孝宗很伤心，曾给锦溪赐名陈墓，并在陈妃墓前建了莲池禅院，禅院前种了莲，于是就有了这一池美景。

　　锦溪的桥也挺有意思,与我们平日里所见到的桥有些不同。古镇上有一座很有名的红木桥,桥上有走廊,廊柱上刷着红漆,只是时间久了,柱子上的漆有些脱落。临河的长廊也是锦溪的特色之一,廊下就是茶馆和餐厅,古色古香的茶桌配上桌椅,坐下吃饭,看着对岸的白墙青瓦,河上乌篷小船缓缓划过,船尾包着头巾的船娘一边摇橹,一边用吴侬软语唱着不知名的小曲儿,歌声婉转悠扬,这算是一种江南特有的生活滋味吧!

木渎古镇

木渎古镇（宝箱一）背靠灵岩山，香溪、胥江穿镇而过，依山而筑、傍水而居的独特格局为江南古镇少有。古镇与苏州城同龄，迄今已有2500多年的历史。

相传春秋末年，吴王夫差为取悦西施，在灵岩山顶建造馆娃宫，又在紫石山增筑姑苏台，源源而来的木材堵塞了山下的河流港渎，"积木塞渎"，木渎古镇便由此得名。

木渎古镇有气派豪华的严家花园、乾隆下江南时的"民间行宫"虹饮山房，还有雕刻精细的古松园与榜眼府第。

严家花园是木渎古镇名气最大、造园艺术水平最高的园林。门前流淌着香溪,小小的香溪已经淌了千百年。传说当年西施在灵岩山馆娃宫居住,每日临水梳妆,洗下的香粉顺水流而下,流进溪里,从此,人们就叫它"香溪"。一座座小石桥跨河而过,永安桥、王家桥、西施桥、虹桥,乘船悠悠荡去,不足十分钟的水路,穿过了四座桥。石桥缝隙里爬出藤蔓,倒映在水里,给水染上一丝绿意。

逛完古镇,可以去爬爬灵岩山,灵岩山海拔 182 米。灵岩山寺东侧的灵岩塔是灵岩山的地标。每逢周末,苏州当地人都喜欢来此爬山,到灵岩山寺烧香,据说这里祈福很灵验。

千灯古镇

"天下兴亡,匹夫有责",这句名言出自明末清初的著名学者顾炎武。千灯是顾炎武的故乡,在江南遍地开花的古镇里,千灯古镇(宝箱一)的名气不算大,但它是有着 2500 多年悠久历史的古镇。

千灯的石板街南北贯穿古镇,并连接各支路,全长约 1500 米,主干街道长 800 米,由 2072 块长条形花岗岩铺设而成。石板下面设有既宽又深的下水道,与古镇各处的河埠、河滩相连通。因此,即便下滂沱大雨,石板街上也从不积水,天气转晴时就会变干,这让古建筑专家也惊叹不已。这也是千灯古镇的一绝。

另外,延福禅寺内的秦峰塔、大雄宝殿前两株上千年树龄的古银杏树、顾炎武故居、余氏典当行等都值得一看。这个古镇虽然名气不大,却值得你花上半天时间徜徉其中。

图书在版编目(CIP)数据

人间天堂的烟火：雅致苏州/彭彭文；彭彭，燕十三图. —上海：上海科技教育出版社，2022.1
（探城寻宝记）
ISBN 978-7-5428-7557-0

Ⅰ.①人… Ⅱ.①彭… Ⅲ.①苏州—概况—少儿读物 Ⅳ.①K925.33-49

中国版本图书馆CIP数据核字(2021)第140495号

责任编辑　顾巧燕
装帧设计　李梦雪

探城寻宝记

人间天堂的烟火——雅致苏州

彭彭　文

彭彭　燕十三　图

出版发行	上海科技教育出版社有限公司	
	（上海市闵行区号景路159弄A座8楼　邮政编码201101）	
网　　址	www.sste.com　www.ewen.co	
经　　销	各地新华书店	
印　　刷	苏州美柯乐制版印务有限责任公司	
开　　本	720×1000　1/16	
印　　张	7	
版　　次	2022年1月第1版	
印　　次	2022年1月第1次印刷	
书　　号	ISBN 978-7-5428-7557-0/G·4453	
定　　价	40.00元	